Janosch

Das große Buch von Rasputin
dem Vaterbär

Fünfunddreißig Geschichten
aus dem Familienleben
eines Bärenvaters

Rasputin ist einer wie du und ich, oder besser: einer wie du.
Und wenn das nicht ganz paßt, dann ist er einer wie dein Vater.
Er weiß alles, er macht alles genau wie dein Vater,
er hat eine Frau und Kinderchen, er geht wie dein Vater,
er steht wie dein Vater. Und er sieht auch aus wie dein Vater.
Und er denkt, er sei der Größte.
Sollte es nicht so sein, dann liegt es an deinem Vater,
denn dann verstellt sich dein Vater,
im Innern und unten drunter
ist er Rasputin der Vaterbär.
Genauso ist es:
RASPUTIN DER VATERBÄR IST UNSER ALLER VATER.
Rasputin ist der Vaterbär dieser Welt.
So ist es und nicht anders!

Geschichte
Numero:
1

»Bess're Zeiten«, sagt man gern,
»liegen weit und ziemlich fern.«

Doch der Vaterbär sagt »Ha!
Die Zeiten war'n noch nie so nah.«

Geschichte Numero: 2

»Die Stille«, spricht der Vater weise,
»ist eine Tugend. Seid jetzt leise!«

Dann brüllt er, daß die Scheiben klirren.
Wir sehn, wie Eltern uns verwirren.

Geschichte
Numero:
3

»Darf ich allhier zu Tische bitten!«
sagt Rasputin. Und spricht von »Sitten«.

Damit hat er, wie es hier scheint,
gute Sitten wohl *nicht* gemeint.

Geschichte
Numero:
4

Rasputin der Vaterbär
liebt alle seine Kinder sehr.
Und weil er heut Geburtstag hat,
fährt er mit ihnen in die Stadt.

Und bringt sie dann im Dämmerschein
zurück zu ihren Mütterlein.

Geschichte
Numero:
5

»Seine Kinder muß man trimmen«,
sagt Vaterbär, »drum gehn wir schwimmen.
Denn schwimmen gibt dem Bären Kraft!«

Vorausgesetzt, daß man es schafft.

Geschichte Numero: 6

»Das Leben«, sagt der Vaterbär,
»ist ohne Blasmusik so leer.
Ich bin der Bläser, ihr der Chor.«

Jetzt ist's noch leerer als zuvor.

Geschichte
Numero:
7

Rasputin geht auf die Pirsch.

Wir sehn ihn hier mit einem Hirsch.

Geschichte
Numero:
8

Der Vaterbär geht heut zum Fischen
und will einen Fisch erwischen.
Doch das einz'ge, was er fängt,

ist diese Frau, die an ihm hängt.

Geschichte
Numero:
9

Die Eltern sind, daß weiß man ja,
zum Schutz für ihre Kinder da.
Doch diese schöne Regel nützt

den Eltern nichts, die keiner schützt.

Geschichte
Numero:
10

»Heute«, sagt der Vater froh,
»gehn wir alle in den Zoo,
Affen besuchen hinter Gittern

und euern Onkel Ede füttern.«

»Das Motorrad«, so sagt man gerne,
»trägt einen fort in weite Ferne.«
Doch von der Ferne sagt man ja

genausogern, sie läge nah.

Geschichte Numero: 12

Wenn im Herbst die Winde toben,
fällt das Blätterlaub von oben.
Rasputin der Vaterbär
fegt mit dem Besen hinterher.

Ist er fertig mit dem Stück,
kommt der Wind und weht's zurück.

Rasputin, in seinem Zorn,
beginnt nicht noch einmal von vorn.

Dann kommt ein Wind und weht den Dreck
von dieser Stelle wieder weg.

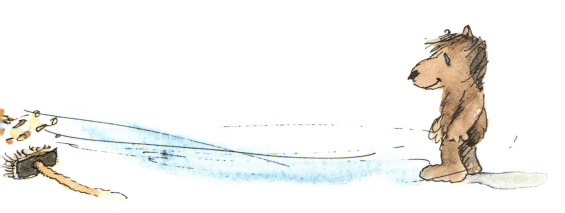

Was lernen wir aus diesem Mist?
Daß Fegen ja wohl unnütz ist.

Geschichte
Numero:
13

Rasputin der Vaterbär
bemüht nicht gern die Feuerwehr.

Doch Kinderwaschen ist nun mal
für jeden Vater eine Qual.

Geschichte
Numero: **14**

Rasputin spielt zum Pläsier
mit Adelheid auf dem Klavier.

Erst zart piano…

…dann bewegt…

Nach dem Konzert wird ausgefegt.

Geschichte
Numero:
15

Der Vaterbär trägt gern einmal
im Winter einen Künstlerschal.

Und schreibt uns auch ein Autogramm
als ein gewisser Karajan.

Geschichte Numero: 16

Manchmal in der Weihnachtszeit
sind alle Häuser tief verschneit.
Um Lieselottes Haus zu finden,
muß Rasputin sich lange schinden,

zur Zweisamkeit im Kerzenschein.
Doch hier scheint er wohl falsch zu sein.

Geschichte
Numero:
17

Zur Weihnachtszeit, wenn alle rennen
und die Lichterkerzen brennen,

malt Rasputin für diese Feier
aus Freiheitsgründen Ostereier.

Geschichte
Numero:
18

Rasputin der Vaterbär
wiegt mit Hut und Mantel schwer.

Dann aber splitternackt wiegt er
schon ein paar Kilo weniger.

Geschichte
Numero:
19

»Den Kindern muß man Freude machen,
damit sie fröhlich sind und lachen«,
denkt Rasputin der Vaterbär.

Ganz anders denkt er hinterher.

Geschichte Numero: 20

Der Vater lehrt – wie man so sagt –
den Sohn die Kunst der Entenjagd.
Doch manches ist, so kann es gehen,

vom Jäger nicht vorauszusehen.

Geschichte Numero: 21

Einmal kommt wohl jedermann
ärztlich zur Untersuchung dran.

Doch die Methoden sind oft fraglich
und selbst dem Doktor unbehaglich.

Geschichte
Numero: **22**

Im Fasching hat der Vaterbär
es mit den Kindern ziemlich schwer.

Am besten paßt in diesem Falle
ein Tausendfüßlerkleid…

…für alle.

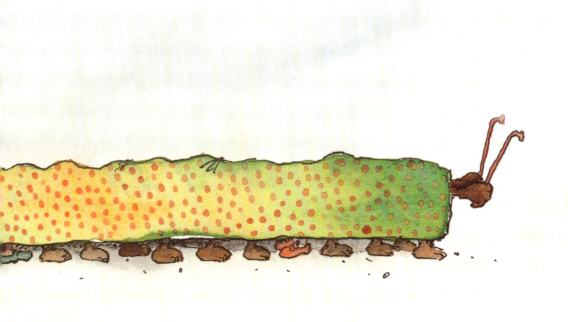

Geschichte Numero: 23

Als der Clown im Zirkus geigt
und die Bärennummer steigt,
gibt es ganz unvorhergesehn
für Rasputin ein Wiedersehn.

Weil der nämlich, der tanzen muß,
sein Freund ist. Aus dem Kaukasus.

Geschichte
Numero:
24

Rasputin der Vaterbär
regelt heute den Verkehr

in der Stadt als Polizist
so gut, wie ihm das möglich ist.

Geschichte
Numero:
25

Der Vaterbär läßt mit Vergnügen
für seinen Sohn den Drachen fliegen.
Sagt: »Eberhardchen, halt einmal!«

Hier sieht er ihn zum letzten Mal.

Geschichte
Numero:
26

Heute ist es umgekehrt:
der Vater wird einmal geehrt.
Bekommt in dieser Osternacht
von jedem Kind ein Ei gebracht.

Man sieht hier, wie das Bild uns zeigt,
wie schnell die Zahl der Kinder steigt.

Geschichte
Numero:
27

Rasputin der Vaterbär
trägt an seinen Koffern schwer.

Zum Glück hat er bei dieser Fahrt
ziemlich viel Fahrgeld eingespart.

Geschichte Numero: 28

Geburtstag ist, wie wir hier sehn,
auch für die Fliegen ziemlich schön.
Da stellt der strenge Vaterbär
die Ordnung…

…beinah wieder her.

Geschichte Numero: 29

Die Schule ist ganz ohne Frage
an Sommertagen eine Plage.

Der Vaterbär kennt diese Pein
und greift ein wenig helfend ein.

»Ab morgen«, sagt der Vaterbär,
»kommt mir hier so ein Wecker her,
weil ich als Vater nämlich dann …

...ein wenig länger schlafen kann.«

»Wir baun«, sagt Vater, »eine tolle plangenaue Segeljolle.«

Jedoch was nutzt der beste Plan, wenn einer ihn nicht lesen kann.

»Den Hammer«, spricht der Vaterbär,
»den schwingt man so: schau einmal her!

Und zwar von oben, ganz genau.
Sonst haut man sich die Pfoten bl...

Geschichte Numero: 33

Weil so ein Hund bei Tag und Nacht
den Schlaf der Kinderchen bewacht,
kauft Rasputin ein solches Tier.

Doch was das nützt,
das sehn wir hier.

Geschichte Numero: 34

Der Vaterbär sagt hier ganz richtig:
»Sauberkeit, mein Sohn, ist wichtig.

Und weil das Wasser keinem schadet,
wirst du jetzt von mir geba...

Sind die Kinder brav gewesen,
muß Vaterbär Geschichten lesen,

weil das nämlich müde macht.
Schlaf ein, leb wohl und gute Nacht...